Genossenschaftliche Zeit- und Streitfragen.
Begründet von
Ludolf Parisius und Dr. Hans Crüger,
fortgeführt von
Dr. Hans Crüger.
Heft 12. Heft 12.

Die Durchführung der Verbandsrevision

im

Allgemeinen deutschen Genossenschaftsverband.

Von

Dr. Hans Crüger.

Berlin 1915.
J. Guttentag, Verlagsbuchhandlung.
G. m. b. H.

Die Bestimmungen über die Durchführung der Verbandsrevision im Allgemeinen deutschen Genossenschaftsverband finden sich in einer größeren Anzahl Beschlüsse der Allgemeinen Genossenschaftstage zerstreut, liegen zum Teil auch in den Beratungen der Revisorenkonferenzen und des Gesamtausschusses.

Es dürfte nicht nur für die Genossenschaften des Allgemeinen deutschen Genossenschaftsverbandes, sondern auch für weitere Kreise von Interesse sein, von der Entwicklung der Verbandsrevision im Allgemeinen deutschen Genossenschaftsverband Kenntnis zu erhalten.

Auf den folgenden Seiten wird das vorliegende Material nach folgenden Gesichtspunkten zusammengestellt:

I. Allgemeines.
II. Materielle Revision.
III. Protokollführung über die gemeinschaftliche Sitzung von Vorstand und Aufsichtsrat, in der über die Revision Bericht erstattet wird.
IV. Außerordentliche Revision.
V. „Schwere Übelstände".
VI. Bestimmungen betreffend die Verbandsrevision aus dem Musterstatut für Revisionsverbände.
VII. Aufgaben des Verbandsdirektors und des Verbandsrevisors.
VIII. Revisionsgrundsätze.
  A. Prüfung der Organisation.
  B. Prüfung der geschäftlichen Grundsätze.
  C. Ausführung der Revision.
  D. Was kann der Revisionsverband tun, um Abhilfe zu schaffen?

Charlottenburg, im Juli 1915.

Dr. Crüger.

I. Allgemeines.

Beschluß des Allgemeinen Genossenschaftstages zu Cassel (1906).

„Die durch §§ 53 und 55 des Genossenschaftsgesetzes vorgeschriebene „Verbandsrevison" hat lediglich den Zweck, die Organe der Genossenschaft in der Vervollkommnung der geschäftlichen Einrichtungen und der Beseitigung von Mißständen zu unterstützen. Die Erfüllung der Aufgabe kann nicht gesichert werden durch Einführung von Zwangsmaßregeln in die Organisation, sondern nur durch Hebung des Verständnisses der Organe der Genossenschaft für die Zwecke der Revision.

Die in den Beschlüssen des Allgemeinen Vereinstages zu Plauen (1887), der Allgemeinen Genossenschaftstage zu Gotha (1894), zu Augsburg (1895), zu Baden-Baden (1901) festgelegten Revisionsgrundsätze sind auch den heutigen Verhältnissen entsprechend. Der Allgemeine Genossenschaftstag empfiehlt deshalb den Revisionsverbänden wie den Genossenschaften deren strengste Beachtung."

a) Der Beschluß (Plauen 1887) lautet:

„In Erwägung,

1. daß die weitere erfolgreiche Entwicklung der Verbandsrevision zunächst davon abhängt, daß zu dem verantwortlichen Amte eines Verbandsrevisors überall nur tüchtige, leistungsfähige und taugliche Männer berufen werden, daß in der Person des Revisors ein öfterer Wechsel ausgeschlossen ist, und daß die gesamte Tätigkeit aller in dem allgemeinen Verbande angestellten Revisoren einer fortwährenden, eingehenden, gewissenhaften Kontrolle unterstellt ist,

2. daß die Revisionstätigkeit gefördert wird, wenn die einzelnen Revisoren nicht nur die geschäftlichen Einrichtungen in einem Verbande kennen lernen, sondern wenn dieselben Gelegenheit und Veranlassung finden, die geschäftliche Behandlung und deren Erfolge in Genossenschaften verschiedener Unterverbände zu beobachten,

3. daß die zweckentsprechende Durch- und Weiterführung der Verbandsrevisionen erfordert, daß in allen Unterverbänden über die Anstellung, die Rechte und die Verpflichtungen der Verbandsrevisoren in den wesentlichen Punkten gleichmäßige Bestimmungen, wie solche auf

dem Allgemeinen Vereinstage zu Weimar von dem Anwalte angeregt worden sind, erlassen werden — und

4. daß endlich die fernere segensreiche Wirksamkeit der Verbandsrevision wesentlich dadurch bedingt ist, daß in allen Unterverbänden — entsprechend dem Beschlusse des Vereinstages zu Karlsruhe — Anordnungen getroffen werden, welche ohne die Selbständigkeit der einzelnen Genossenschaften anzutasten, für die bereitwillige, rasche und pünktliche Befolgung der Ratschläge des Revisors in geeigneter Art Fürsorge treffen,

wird den Unterverbänden empfohlen:

1. bei der Anstellung der Verbandsrevisoren darauf bedacht zu sein, daß zu diesem Amte nur kaufmännisch gebildete, mit dem Genossenschaftswesen und den Bestimmungen des Genossenschaftsgesetzes vertraute, praktische Genossenschafter, und — soweit als dieses möglich ist — nur solche praktische Genossenschafter berufen werden, welche bereit und imstande sind, ihre ganze Kraft und Zeit der Revisionssache zu widmen,

2. überall, wo die Revision der Genossenschaften eines Verbandes nicht die ganze Arbeitskraft eines Revisors in Anspruch nimmt, für mehrere Unterverbände einen gemeinsamen Revisor zu bestellen,

3. in jedem Unterverband über die Anstellung, die Rechte und die Pflichten des Verbandsrevisors Bestimmungen zu erlassen, welche Vorschriften darüber enthalten:

a) daß der Revisor Beamter des Unterverbandes ist und als solcher den Anordnungen des Verbandsdirektors unterworfen ist; daß der Revisor insbesondere nur auf Anweisung des Verbandsdirektors ordentliche und außerordentliche Revisionen vornehmen darf;

b) daß der Revisor von dem Verbandstag auf Vorschlag des Verbandsdirektors gewählt und entlassen wird, und daß in Fällen gröblicher Pflichtverletzung der Verbandsdirektor berechtigt ist, den Revisor vorläufig und unter Vorbehalt der Genehmigung des nächsten ordentlichen Verbandstages seines Amtes zu entheben;

c) daß der Revisor für seine Leistungen aus der Verbandskasse nach Anweisung des Verbandsdirektors bezahlt wird und daß demselben untersagt ist, von einzelnen Vereinen oder von Mitgliedern derselben Bezahlung, Gratifikation oder Geschenke anzunehmen; und daß derselbe auch Nebenbeschäftigungen, welche mit einer Einnahme verbunden sind, nur mit Zustimmung des Verbandsdirektors übernehmen darf;

d) daß der Revisor bei allen ordentlichen Revisionen nach Vorschrift der ihm gegebenen Instruktion zu verfahren hat; daß bei den ordentlichen Revisionen in der Regel nicht eine kalkulatorische Prüfung der einzelnen Geschäfte vorzunehmen ist, daß der Revisor aber ganz besonders darauf sein Augenmerk zu richten hat, ob die Bestimmungen des Gesetzes überall beobachtet sind, ob die Geschäftsführung den Vorschriften des Gesellschaftsvertrages entspricht, und ob die Beschlüsse der Vereinstage und der Verbandstage die erforderliche Beachtung gefunden haben;

e) daß der Revisor überall da, wo die Verwaltung in einzelnen Teilen, wie z. B. bei der Vornahme von Revisionen oder bei der Geschäftsinventur am Jahresschlusse usw. mangelhaft geführt ist, gehalten sein soll, die betreffende Geschäftstätigkeit in Gegenwart von Vorstand und Aufsichtsrat selbst vorzunehmen und dabei die erforderliche Anleitung zu erteilen;

f) daß der Revisor die unabweisbare Verpflichtung hat, nach vollendeter Revisionsarbeit dem Vorstand und Aufsichtsrat der revidierten Genossenschaft in gemeinschaftlicher Sitzung über seinen Revisionsbefund genaue Mitteilung zu machen und über die Beseitigung vorhandener Mängel und die Herbeiführung besserer Einrichtungen seine Ratschläge zu erteilen und nach dieser Verhandlung mit Vorstand und Aufsichtsrat über das Ergebnis seiner Revision schriftlichen Bericht an die revidierte Genossenschaft zu erstatten und eine Abschrift dieses Berichts an den Verbandsdirektor einzusenden;

g) und daß der Revisor dem ordentlichen Verbandstage in jedem Jahre über seine Tätigkeit als Verbandsrevisor und deren Erfolge schriftlichen Bericht zu erstatten hat

und

4. in jedem Unterverbande Anordnungen zu treffen, durch welche der Vorstand jeder revidierten Genossenschaft verpflichtet wird, innerhalb einer bestimmten Zeit nach stattgehabter Revision dem Verbandsdirektor Mitteilung zu machen, inwieweit die Erinnerungen und Mahnungen des Verbandsrevisors befolgt worden sind, oder aus welchen Gründen dieses in einzelnen Fällen nicht geschehen ist oder nicht geschehen konnte und durch welche dem Verbandsdirektor ausdrücklich das Recht erteilt und die Verpflichtung auferlegt wird,

etwa vorhandene Irrtümer und Mißverständnisse über die Ausstellungen und Ratschläge des Verbandsrevisors aufzuklären, sodann aber zur Befolgung dieser Ratschläge durch Beseitigung der vorhandenen Übelstände und Herbeiführung besserer Einrichtungen aufzufordern, und sofern diese Aufforderungen ohne Erfolg bleiben sollten, in geeigneter Weise dem nächsten ordentlichen Verbandstage Mitteilung zu machen."

b) Der Beschluß (Gotha 1894) lautet:

„Die Erhaltung der segensreichen Wirksamkeit und die weitere Entwicklung der Verbandsrevision ist bedingt durch die bereitwillige und gewissenhafte Berücksichtigung der Ratschläge des Verbandsrevisors durch die Genossenschaften; die Bestimmungen des Genossenschaftsgesetzes und der Verbandsstatuten, welche zur Herbeiführung und Sicherung dieser bereitwilligen Berücksichtigung der Ratschläge des Revisors durch die Genossenschaften gegeben sind, müssen deshalb überall sorgsame Beobachtung finden.

1. An die Vorstände der Unterverbände wird deshalb das Ersuchen gestellt, streng darüber zu wachen, daß den Vorschriften in § 61 des Genossenschaftsgesetzes und den von den Genossenschaften selbst durch die Verbandsstatuten und durch Verbandstagsbeschlüsse zu diesem Zweck getroffenen Anordnungen pünktlich Folge geleistet wird;

2. die Vorstände der Genossenschaften werden aufgefordert, nach der Vorschrift in § 61 des Genossenschaftsgesetzes den Bericht des Verbandsrevisors stets zur Beschlußfassung auf die Tagesordnung der nächstfolgenden Generalversammlung zu setzen, und

3. den Aufsichtsräten wird dringend empfohlen, an den Revisionen sich zu beteiligen und über das Ergebnis der Revision der Generalversammlung eingehenden Bericht zu erstatten."

c) Der Beschluß (Augsburg 1895) lautet:

„1. den Vorständen der Unterverbände wird zur Ausführung der auf dem Allgemeinen Genossenschaftstag in Gotha gefaßten Beschlüsse empfohlen, darüber zu wachen:

a) daß keine Revision abgehalten wird, ohne die in § 61 des Genossenschaftsgesetzes vorgeschriebene Zuziehung des Aufsichtsrats;

b) daß der Verbandsrevisor nach Vollendung der Revisionsarbeit in gemeinschaftlicher Sitzung mit dem Vorstand und dem Aufsichtsrat der revidierten Genossenschaft das Ergebnis der Revision bespricht und erst nach dieser Besprechung den schriftlichen Bericht über die Revision erstattet;

c) daß der Bericht über die Revision zur Beschlußfassung auf die Tagesordnung der nächsten Generalversammlung gesetzt wird.

2. Den Unterverbänden wird empfohlen, in die Verbandsstatuten Bestimmungen darüber aufzunehmen:

a) daß der Vorstand jeder revidierten Genossenschaft verpflichtet ist, dem Verbandsdirektor anzuzeigen, wann die nächste Generalversammlung nach der Revision stattfindet, in deren Tagesordnung nach der Vorschrift in § 61 des Genossenschaftsgesetzes der Bericht über die Revision als Gegenstand der Beschlußfassung aufzunehmen ist;

b) daß nach der Abhaltung der Generalversammlung dem Verbandsdirektor aus dem Protokoll der Generalversammlung eine Abschrift der Verhandlung über diesen Gegenstand mitzuteilen ist;

c) daß in allen Fällen, in welchen durch die Revision schwere Mißstände sich ergeben haben, der Verbandsdirektor eine Abschrift des Revisionsberichts an den Anwalt einzusenden hat."

d) Der Beschluß (Baden-Baden 1901) lautet:

„Der Allgemeine Genossenschaftstag erachtet es für notwendig, daß die nach Maßgabe des § 63 des Reichsgesetzes betreffend die Erwerbs- und Wirtschaftsgenossenschaften von dem Aufsichtsrat über das Ergebnis der Revision abzugebende Erklärung zu dem Protokoll der Generalversammlung genommen wird."

Beschluß des Allgemeinen Genossenschaftstages zu Stettin (1911):

„Der Allgemeine Genossenschaftstag hält unbedingt an der bisher vertretenen Auffassung fest, daß die in dem Genossenschaftsgesetz (§ 53) vorgeschriebene Revision ein Akt der Selbstverwaltung der Genossenschaften ist. Jeder Versuch, die Durchführung der Revision der Kontrolle durch die Behörden zu unterwerfen, ist unvereinbar mit der Tendenz des Genossenschaftsgesetzes."

Beschluß des Allgemeinen Genossenschaftstages zu Posen (1913):

„Der Allgemeine Genossenschaftstag erklärt gegenüber den auf Grund einzelner Zusammenbrüche von Genossenschaften hervortretenden Anregungen, die Bestimmungen über die Revision zu verschärfen, daß, wie zuletzt auf dem Allgemeinen Genossenschaftstag zu Cassel (1906) ausgesprochen ist, die Erfüllung der Aufgaben der Revision nicht gesichert werden könne durch Einführung von Zwangsmaßregeln in die Organisation, sondern durch Hebung des Verständnisses der Organe der Genossenschaft für die Zwecke der Revision.

Die Revision ist nicht bestimmt, in die Genossenschaft ein neues Organ einzufügen, vielmehr bleibt die Verantwortlichkeit von Vorstand und Aufsichtsrat im vollen Umfange trotz der Revision unberührt bestehen. Sache des Revisors ist es, zu prüfen, ob die Einrichtungen der Genossenschaft, die Geschäftsführung und die Kontrolle den bewährten genossenschaftlichen Grundsätzen entsprechen. Dabei wird der Revisor, und zwar unbeschadet der Verantwortlichkeit des Aufsichtsrats nach Möglichkeit sein Augenmerk auch zu richten haben auf die Prüfung der geschäftlichen Lage der Genossenschaft.

Unbedingt festzuhalten ist an der im Allgemeinen deutschen Genossenschaftsverband üblichen Fernhaltung des Revisionsverbandes von geschäftlichen Unternehmungen irgendwelcher Art."

II. Materielle Revision.

Über das Erfordernis einer materiellen Revision beschloß der Gesamtausschuß zu Freiburg (1909):

In § 19 des Musterstatuts der Unterverbände zwischen Pos. 12 und Pos. 13 ist folgende Bestimmung einzufügen:

„Ergibt eine Revision die Vermutung, daß die Jahresbilanz der Genossenschaft in ungesetzlicher Weise aufgestellt ist, so hat der Verbandsdirektor, sofern es sich um erhebliche Verstöße handelt, die Genossenschaft zu veranlassen, daß der Verbandsrevisor eine Nachprüfung der nächstfolgenden Jahresbilanz vornimmt. Zu diesem Zweck hat der Verbandsdirektor den Aufsichtsrat darauf aufmerksam zu machen, daß er sofort am Jahresschluß die vorhandenen Aktivbestände sorgfältig nachzuprüfen und über diese Prüfung ein Protokoll aufzunehmen hat, aus dem sich die Einzelheiten der Prüfung ergeben. Die Genossenschaft ist verpflichtet, mit der Einladung der Generalversammlung, die über die Jahresrechnung zu beschließen hat, zu warten, bis die Nachprüfung der Bilanz vom Verbandsrevisor vorgenommen ist, wobei selbstverständlich der satzungsmäßige Termin für die Einberufung der Generalversammlung nicht überschritten werden darf. Der Revisor hat bei der Prüfung der Bilanz sich nicht nur davon zu überzeugen, daß die Bilanz buchtechnisch richtig aufgestellt ist, sondern er hat auch soweit ihm dies möglich ist, eine materielle Nachprüfung vorzunehmen. Der Aufsichtsrat der Genossenschaft ist verpflichtet, sich bei der durch den Verbandsrevisor vorzunehmenden Nachprüfung vertreten zu lassen; der Vorstand muß möglichst vollständig an ihr teilnehmen. Ergeben sich bei der Nachprüfung keine Anstände von Bedeutung, so versieht der Verbandsrevisor die Bilanz mit dem Prüfungsvermerk. Kommt der Revisor aber zu der Überzeugung, daß die Bilanz falsch aufgestellt ist, so hat er schriftlich darüber Bericht zu erstatten. Von dem Bericht erhält der Aufsichtsrat der Genossenschaft, der Verbandsdirektor und der Anwalt je eine Abschrift."

In den Verhandlungen der Verbandsrevisoren auf dem Allgemeinen Genossenschaftstag zu Freiburg (1909) konstatierte der Vorsitzende nach kurzer Debatte das Einverständnis der Versammlung mit dem Beschluß des Gesamtausschusses.

Vgl. hierzu den Beschluß des Allgemeinen Genossenschaftstages zu Posen (1913) I S. 9.

III. Protokollführung über die gemeinschaftliche Sitzung von Vorstand und Aufsichtsrat, in der über die Revision Bericht erstattet wird. Erklärung des Aufsichtsrats in der Generalversammlung.

In den Verhandlungen der Verbandsrevisoren auf dem Allgemeinen Genossenschaftstag zu Stettin (1911) konstatierte der Vorsitzende das Einverständnis der Versammlung damit, daß die gemeinschaftliche Sitzung im Anschluß an die Revison notwendig ist, und daß in derselben eine genaue Protokollführung über die dabei besprochenen Erinnerungen und Empfehlungen stattfinden muß.

Der Allgemeine Genossenschaftstag zu Baden=Baden (1901) hat es für notwendig erachtet, daß die nach Maßgabe des § 63 des Reichsgesetzes betr. die Erwerbs= und Wirtschaftsgenossenschaften von dem Aufsichtsrat über das Ergebnis der Revision abzugebende Erklärung zu dem Protokoll der Generalversammlung genommen wird.

IV. Außerordentliche Revision.

In den Verhandlungen der Verbandsrevisoren auf dem Allgemeinen Genossenschaftstag zu München (1912) faßte der Vorsitzende das Ergebnis der Besprechung dieses Gegenstandes zusammen:

„Außerordentliche Revisionen sind in besonderen Fällen vor allen Dingen, sobald sich bei einer Genossenschaft schwere Mißstände ergeben haben, unbedingt notwendig.“

V. „Schwere Mißstände“.

Beschluß des Allgemeinen Genossenschaftstages zu Stettin (1911):

„Zur Klarstellung des Begriffes: „schwere Mißstände“ im Sinne des Musterstatuts für Revisionsverbände erklärt der Allgemeine Genossenschaftstag in Übereinstimmung mit den Beschlüssen des Engeren Ausschusses und des Gesamtausschusses vom Jahre 1905, daß insbesondere folgende Vorkommnisse als „schwere Mißstände“ der Organisation und Geschäftsführung zu betrachten sind:

a) Bei Kreditgenossenschaften:

1. Unordentliche Buchführung;
2. auffallende Inanspruchnahme des Kredits durch Vorstands- und Aufsichtsratsmitglieder;
3. Fehlen einer Belastungsliste;
4. erhebliche Überschreitung der von der Generalversammlung gezogenen Kreditgrenze;
5. eine über die Leistungsfähigkeit der Genossenschaft hinausgehende Gesamtkreditgewährung;
6. fehlerhafte Beurkundung der Geschäfte, durch die die Rechtsgültigkeit der Beurkundung in Frage gestellt wird;
7. Fehlen der Kontrolle (sowohl unter Vorstandsmitgliedern wie seitens des Aufsichtsrats).

b) Bei Konsumvereinen:

1. Unordentliche Buchführung;
2. Verstöße gegen die der ordnungsmäßigen Erledigung des Wareneinkaufs dienenden Grundsätze, insbesondere Wareneinkauf durch den Lagerhalter — nicht ordnungsmäßige Behandlung der Korrespondenz mit den Lieferanten;
3. größere Bestände an unverkäuflichen Waren ohne entsprechende Abschreibungen;
4. nicht ausreichende Feuerversicherung der Warenbestände;
5. nicht genügende Kontrolle des Lagerhalters mit Bezug auf Warenbestand,

mit Bezug auf Markenbestand,
mit Bezug auf richtiges Warengewicht;
6. wiederholtes Vorkommen erheblicher Mankos;
7. Fehlen der Kontrolle (sowohl unter den Vorstandsmitgliedern, wie seitens des Aufsichtsrats);
8. a) dem Statut zuwiderlaufende Kreditgewährung;
b) hohe Außenstände bei Mitgliedern;
9. Überschreitung der finanziellen Leistungsfähigkeit, insbesondere durch Besitz von Immobilien, durch eigene Produktion, durch die Anzahl der Verkaufsstellen, durch Gewährung zu hoher Dividende;
10. Abhängigkeit von Lieferanten;
11. häufiger Wechsel im Vorstand und Aufsichtsrat;
12. Agitation gegen die Zugehörigkeit zum Allgemeinen Verband.

c) Bei Baugenossenschaften:

1. Unordentliche Buchführung;
2. schlechte bauliche Verfassung der Gebäude und Wohnungen;
3. a) Fehler in der Mietenkalkulation;
b) Fehler in der Kalkulation der Hauserwerbskonten;
4. a) regelmäßige Heranziehung von Nichtmitgliedern für die Vermietung von Wohnungen;
b) regelmäßige Heranziehung von Nichtmitgliedern für den Erwerb von Häusern;
5. Vernachlässigung der Bildung eigenen Vermögens;
6. Verbindung mit anderen der baugenossenschaftlichen Tätigkeit fremden Geschäftszweigen, z. B. dem Vertrieb von Waren, Gewährung von Darlehen."

VI. Bestimmungen betr. die Verbandsrevision aus dem Musterstatut für Revisionsverbände.

1. Für den Verband wird ein Verbandsrevisor oder mehrere Verbandsrevisoren angestellt, deren Obliegenheiten darin bestehen, die Geschäftsführung der dem Verbande angehörigen Genossenschaften nach der ihnen erteilten Instruktion und nach den ihnen

vom Verbandsdirektor gegebenen Anweisungen und der von diesem bestimmten Reihenfolge zu prüfen und alle ihm von dem Verbandsdirektor übertragenen Arbeiten für den Verband auszuführen.

2. Der Revisor ist Beamter des Verbandes und als solcher verpflichtet, den Anordnungen des Verbandsdirektors Folge zu leisten.

Der Verbandsdirektor ist berechtigt, den Revisor jederzeit persönlich oder durch einen Beauftragten zu vertreten, auch den Revisionen des Revisors beizuwohnen.

3. Der Revisor wird von dem Verbandstag auf Vorschlag des Verbandsdirektors gewählt und ebenso entlassen.

Die näheren Bestimmungen über Dauer der Anstellung, Kündigungsfrist, Bezahlung usw. werden durch besonderen von dem Verbandsdirektor mit dem Verbandsrevisor abzuschließenden Vertrag geregelt.

4. In Fällen gröblicher Pflichtverletzung ist der Verbandsdirektor berechtigt, den Revisor vorläufig seines Amtes zu entheben, vorbehaltlich der Genehmigung des nächsten ordentlichen Verbandstages.

5. Als Verbandsrevisor darf nur eine Person gewählt werden, welche kaufmännisch und rechnerisch genügend gebildet, mit dem Genossenschaftswesen und dem Genossenschaftsrecht vertraut ist und die erforderliche Gesetzeskenntnis besitzt.

6. Der Revisor wird für seine Leistungen durch den Verband bezahlt.

7. Die Revisionen sind teils ordentliche, teils außerordentliche. Die ordentlichen Revisionen sind die gesetzlich vorgeschriebenen. Von der bevorstehenden Ankunft des Revisors wird jede Genossenschaft benachrichtigt.

Außerordentliche Revisionen finden sowohl auf Anrufen der betreffenden Genossenschaft, wie auf Anordnung des Verbandsdirektors statt; die durch die außerordentliche Revision entstehenden Kosten hat die Genossenschaft zu tragen.

8. Der Revisor ist in betreff aller geschäftlichen Verhältnisse der von ihm revidierten Genossenschaften allen Nichtbeteiligten gegenüber unbedingt zur Verschwiegenheit verpflichtet.

9. Der Revisor hat dem Vorstande und Aufsichtsrat in gemeinschaftlicher Sitzung über seinen Revisionsbefund ausführliche Mitteilung zu machen. Über das Ergebnis seiner Revision hat er schriftlichen Bericht an die revidierte Genossenschaft zu erstatten, dem Vorsitzenden des Aufsichtsrats Kenntnis von der Absendung des Berichts zu geben und eine Abschrift dieses Berichts dem Verbandsdirektor einzusenden.

Ferner hat der Revisor neben der Abschrift des schriftlichen Berichts, der an die Genossenschaft ergangen ist, dem Verbandsdirektor zu diesem Bericht genaue erläuternde Erklärungen über alle bedenklichen Erscheinungen zu geben.

10. Der Revisor hat bei allen Revisionen nach der ihm erteilten Anweisung zu verfahren.

Bei den ordentlichen Revisionen wird in der Regel eine kalkulatorische Prüfung der einzelnen Geschäftszweige nach Stichproben vorzunehmen sein, nach deren Ergebnis der Revisor zu erwägen hat, ob sie weiter ausgedehnt werden soll; es hat der Revisor besonders zu untersuchen, ob den Bestimmungen des Gesetzes überall genügt ist, ob die Geschäfte nach den Vorschriften des Statuts geführt werden, ob den Beschlüssen der Genossenschafts- und Verbandstage und den Ratschlägen des Anwalts die erforderliche Beachtung geschenkt wird, und ob die bei früheren Revisionen von dem Revisor gerügten Mängel beseitigt und die empfohlenen besseren Einrichtungen eingeführt sind.

1. Zu allen Verbandsrevisionen und insbesondere zu der in Ziffer 9 erwähnten Berichterstattung des Revisors ist der Aufsichtsrat der zu revidierenden Genossenschaften zuzuziehen.

12. Stellen sich in einer Genossenschaft schwere Mißstände heraus, welche nach übereinstimmender Ansicht des Verbandsdirektors und des Revisors durch Zuwiderhandeln gegen die Gesetze oder die Genossenschaftsstatuten entstanden sind, oder eine ernste Gefahr für die Existenz der Genossenschaften in sich schließen, so ist der Verbandsdirektor verpflichtet, dem Anwalt eine Abschrift des Revisionsberichts einzusenden, die Genossenschaft zur Beseitigung der betreffenden Mißstände aufzufordern und nach wiederholt erfolgloser Aufforderung dem Verbandstage von derselben Kenntnis zu geben:

Ergibt eine Revision die Vermutung, daß die Jahresbilanz der Genossenschaft in ungesetzlicher Weise aufgestellt ist, so hat der Verbandsdirektor, sofern es sich um erhebliche Verstöße handelt, die Genossenschaft zu veranlassen, daß der Verbandsrevisor eine Nachprüfung der nächstfolgenden Jahresbilanz vornimmt, zu diesem Zweck hat der Verbandsdirektor den Aufsichtsrat darauf aufmerksam zu machen, daß er sofort am Jahresschluß die vorhandenen Aktivbestände sorgfältig nachzuprüfen und über diese Prüfung ein Protokoll aufzunehmen hat, aus dem sich die Einzelheiten der Prüfung ergeben.

Die Genossenschaft ist verpflichtet, mit der Einladung der Generalversammlung, die über die Jahresrechnung zu beschließen hat, zu warten, bis die Nachprüfung der Bilanz vom Verbandsdirektor vorgenommen ist, wobei selbstverständlich der satzungsmäßige Termin für die Einberufung der Generalversammlung nicht überschritten werden darf. Der Revisor hat bei der Prüfung der Bilanz sich nicht nur davon zu überzeugen, daß die Bilanz buchtechnisch richtig aufgestellt ist, sondern er hat auch, soweit es ihm möglich ist, eine materielle Nachprüfung vorzunehmen. Der Aufsichtsrat der Genossenschaft ist verpflichtet, sich bei der durch den Verbandsrevisor vorzunehmenden Nachprüfung vertreten zu lassen; der Vorstand muß möglichst an ihr vollständig teilnehmen. Ergeben sich bei der Nachprüfung keine Anstände von Bedeutung, so versieht der Verbandsrevisor die Bilanz mit einem Prüfungsvermerk, kommt der Revisor aber zu der Überzeugung, daß die Bilanz falsch aufgestellt ist, so hat er schriftlichen Bericht darüber zu erstatten. Von dem Bericht erhält der Aufsichtsrat der Genossenschaft, der Verbandsdirektor und der Anwalt je eine Abschrift.

13. Dem ordentlichen Verbandstage hat der Verbandsrevisor oder Verbandsdirektor über die vorgenommenen Revisionen Bericht zu erstatten.

VII. Aufgaben des Verbandsdirektors und des Verbandsrevisors.

Der Gesamtausschuß hat in der Sitzung zu Westerland (1905), in der der Begriff „schwere Mißstände“ zunächst näher bestimmt wurde (vgl. oben unter V), ferner beschlossen:

Aufgaben der Verbandsdirektoren.

1. Die Kontrolle der Berichte;
2. nötigenfalls eine Ergänzung des Berichts durch den Revisor zu erfordern;
3. auf die Beantwortung des Berichts seitens der Vereine hinzuwirken; und wenn sich schwere Mißstände herausstellen, dem Anwalt des Allgemeinen Verbandes von denselben Kenntnis zu geben;
4. bei schweren Mißständen und auf Verlangen des Anwalts des Allgemeinen Verbandes eine außerordentliche Revision der Vereine zu veranlassen, falls die Abstellung der Mängel nicht auf andere Weise gesichert ist;
5. dann, wenn die Beseitigung der schweren Mißstände nicht gesichert ist, die Sache vor den Verbandstag zu bringen.

Aufgaben der Verbandsrevisoren.

1. Buchführung auf Vollständigkeit und Ordnungsmäßigkeit zu prüfen;
2. Bilanz nach den Spezialbüchern zu prüfen;
3. Geschäftsführung des Vorstandes,
4. Kontrolle des Aufsichtsrates,

   sind zu prüfen. Insbesondere ist festzustellen, ob die Bestimmungen des Status über Kreditgewährung beobachtet werden und ob die Bestimmungen des Status hierfür ausreichen.
5. Ordnungsmäßigkeit der Einberufung und Abhaltung der Generalversammlung;

   Das Ergebnis der Prüfung wird im wesentlichen in der gemeinschaftlichen Sitzung von Vorstand und Aufsichtsrat zum Gegenstand der Besprechung zu machen sein.
6. die Belastungsliste durchzusehen;
7. die Belastungen von Vorstands- und Aufsichtsratsmitgliedern festzustellen;
8. festzustellen, ob die von der Generalversammlung gezogene Kreditgrenze eingehalten ist — ob die Kreditgrenze im richtigen Verhältnis zur Vermögenslage der Genossenschaft steht;
9. festzustellen, ob erhebliche Zinsrückstände, Zinsgutschriften im Kontokorrent auf Konten ohne Bewegung darauf schließen lassen, daß nicht vollwertige Außenstände fortgeführt werden. Die Konten der Debitoren sind überhaupt darauf-

hin zu prüfen, ob sie längere Zeit unbeweglich sind, und wenn dies der Fall ist, sind die Gründe hierfür festzustellen. Die Prüfung der Bonität der Schuldner gehört im übrigen nicht zu den Obliegenheiten des Revisors;

10. das Verhältnis des eigenen zum fremden Vermögen zu untersuchen;
11. die Liquidität zu prüfen;
12. zu prüfen, ob die Rechtsgeschäfte, Verträge (z. B. mit Vorstandsmitgliedern), die Beschlüsse (insbesondere der Generalversammlung) ordnungsmäßig beurkundet sind;
13. festzustellen, ob die durch die Verhältnisse gebotenen geschäftlichen Einrichtungen vorhanden sind;
14. festzustellen, ob die Honorierung von Vorstands- und Aufsichtsratsmitgliedern in angemessener und richtiger Weise erfolgt — ob die Genossenschaft Mitglied der Hilfskasse und der Allgemeinen Versorgungskasse ist;
15. Einsicht zu nehmen, in die für das Jahrbuch des Allgemeinen Verbandes ausgefüllten Tabellenformulare, dieselben mit der Bilanz und der im Jahrbuch des Allgemeinen Verbandes über die Genossenschaft enthaltenen Statistik zu vergleichen — den Geschäftsbericht der Genossenschaft einer Prüfung auf Vollständigkeit und Übersichtlichkeit zu unterziehen.

VIII. Revisions-Grundsätze.

A. Prüfung der Organisation.

(„Einrichtungen" im Sinne des § 53.)

Grundsatz: Prüfung der Organisation in allen Zweigen der Verwaltung, und zwar:

I. die organisatorischen Vorschriften.

II. die Befolgung in der Praxis, d. h. das Funktionieren der Genossenschaftsorgane.

Zu I: Maßgebend sind Statut, Geschäftsanweisungen, Geschäftsbedingungen, Formulare u. dergl. Die Prüfung ist im großen und ganzen einfach, da durch Musterstatuten, Mustergeschäftsanweisungen, Musterformulare u. dergl. sowie durch Unterstützung der Genossenschaft bei den Statutenänderungen usw. eine geeignete Grundlage geschaffen ist.

a) Prüfung des Statuts.

1. Zunächst Prüfung der Rechtsgültigkeit der Statutenbestimmungen. Der Revisor bedient sich hierbei in weitem Maße der Unterstützung des Allgemeinen Verbandes.

2. Ferner Prüfung nach der Zweckmäßigkeit. Auch hierfür sind die Richtlinien durch Musterstatuten und Beschlüsse der Genossenschaftstage festgelegt.

Besondere Beachtung verdienen:

Vorstand: Zahl der Vorstandsmitglieder, ihre Wahl, Anstellungsverträge (Gehalt, Tantieme, Kündigungsfrist, Kaution), Handhabung und Verteilung der Geschäfte im allgemeinen.

Aufsichtsrat: Allgemeine Grundsätze für seine Tätigkeit; regelmäßige Sitzungen, Protokolle. Obliegenheiten, insbesondere Mitwirkung bei der Kreditgewähr und sonstigen wichtigen Geschäften.

Vermögen der Genossenschaft: Höhe des Geschäftsanteils, zulässige Zahl der Geschäftsanteile, Haftsumme, Reservefonds, Eintrittsgeld.

Geschäftskreis: Insbesondere hält sich die Genossenschaft mit ihren Geschäften im Rahmen ihrer Leistungsfähigkeit? Ferner Bestimmungen über Immobiliar-Realkredit und Spekulationsgeschäfte.

Geschäftshandhabung: z. B. Bestimmungen über Blankokredit, Kredit an Vorstand und Aufsichtsrat; Belastungsliste; Höchstkredit; Anlagekredit (Betrag für aufzunehmende Gelder, § 49).

b) Geschäftsanweisungen.

für Vorstand: Verteilung der Geschäfte unter die einzelnen Mitglieder: Kollegialprinzip, Tätigkeit des Kontrolleurs, Geschäftsstunden, Sitzungen, Protokolle.

für Aufsichtsrat: Umfang der Tätigkeit, insbesondere Prüfung der Bestände, der Saldoanerkenntnisse, der Einhaltung der Kreditgrenzen (Belastungsliste), der Giroverbindlichkeiten; Sitzungen; Protokolle; Einholung seiner Genehmigung zu wichtigeren Geschäften; Teilnahme an der Verbandsrevision.

c) Geschäftsbedingungen, Formulare.

Auch hier verweist der Revisor die Genossenschaften an den Allgemeinen Verband.

Zu II: a) Einrichtung der Buchführung: Führung der erforderlichen Bücher; ordnungsmäßige Führung; ordnungsmäßige Aufbewahrung der Belege und der Briefschaften; Beobachtung der handelsgesetzlichen Vorschriften;

Beachtung der Vorschriften des Depotgesetzes; Führung einer Belastungsliste; Führung der Mitgliederliste.

b) Aufnahme der Inventur.

c) Befolgung der statutarischen Vorschriften, insbesondere Geschäftsstunden, gleichzeitige Anwesenheit mindestens zweier Vorstandsmitglieder, Tätigkeit des Kontrolleurs; Aufbewahrung der Kassenbestände und Wertpapiere (doppelter Verschluß), Tätigkeit des Aufsichtsrates; Kreditgewährung an Vorstand und Aufsichtsrat.

B. Prüfung der geschäftlichen Grundsätze.

(„Geschäftsführung" im Sinne des § 53.)

Grundsatz: Die Prüfung der geschäftlichen Grundsätze führt zur Prüfung der Vermögenslage. Beides ist nicht zu trennen und nur möglich an Hand einer systematischen Prüfung der Bilanz.

Im einzelnen:

Bilanzprüfung:

Auf dem Allgemeinen Genossenschaftstag in Posen 1913, „Mitteilungen" S. 145 ff. wurde beschlossen, daß der Revisor nach Möglichkeit sein Augenmerk auf die Prüfung der geschäftlichen Lage der Genossenschaft zu richten habe. Das bedeutet, daß der Revisor sich ein Urteil über die in der Bilanz liegenden Risiken zu bilden hat. Erforderlich ist aber nicht eine erschöpfende Revision, es genügen vielmehr Stichproben, über deren Umfang das eigene sachverständige Ermessen des Revisors zu entscheiden hat. Erwünscht ist allerdings, daß die Revision so weit ausgedehnt werde, bis der Revisor die Überzeugung von der Richtigkeit der Bilanz gewonnen hat.

Im einzelnen soll die Revision insbesondere sich erstrecken auf:

1. Feststellung der größeren Engagements.
2. Giroverbindlichkeiten und Inanspruchnahme von Bankkrediten.
3. Industrielle Kredite und Baugeldkredite.
4. Räumliche Ausdehnung des Geschäftsgebietes (namentlich in bezug auf Baugelder und Industriekredite).
5. Effektenbestand und Wechselbestand (Geschäfts-Bürgschaftswechsel, eigene Ausschreibungen zur Mobilisierung der Kontokorrentkredite).
6. Akzeptkredit.
7. Sicherheiten (Wert; Bürgschaften von Vorstand und Aufsichtsrat).

8. Spekulationsgeschäfte.
9. Fingierte Konten.
10. Liquidität.
11. Bilanzschema.

C. Ausführung der Revision.

a) Häufigkeit der Revision.

Der Allgemeine Verband hält grundsätzlich noch die zweijährige Revision für ausreichend. Bietet die Geschäftsführung einer Genossenschaft Anlaß zu Bedenken, so finden außerordentliche Revisionen statt. (Verhandlungen des Genossenschaftstages zu Freiburg 1909, S. 342 ff., und oben unter IV.)

b) Zeitdauer der Revision.

Grundsätzlich soll die Revision soweit erstreckt werden, bis der Revisor von der Richtigkeit der Bilanz überzeugt ist.

c) Vorbereitung der Revision.

1. Angemeldete oder unangemeldete Revision?
   Grundsatz: angemeldete Revision.
2. Vorbereitung durch den Revisor:
   a) Studium der Revisionsakten, Statuten, Geschäftsanweisungen, Formulare
   (also der Organisation),
   b) im Wege der Korrespondenz zwischen Revisor und Genossenschaft.
3. Vorbereitung durch die Genossenschaft.
   (Ordnung und Bereithaltung der Belege, schriftliche Unterlagen und dergl.)

d) Technische Ausführung der Revision.

Von der Aufstellung einer Anweisung ist fast durchweg abgesehen. In der Anweisung wird nur ein Hilfsmittel für das Gedächtnis erblickt. Die Revisoren — sachverständige im Genossenschaftswesen ausgebildete Männer — vollziehen die Revisionen nach den hier aufgestellten Grundsätzen, die wieder beruhen auf den Beschlüssen der Allgemeinen Genossenschaftstage.

e) Ergebnis der Revision.

1. Der Revisionsbericht. § 64 des Gesetzes bestimmt: „Der Reichskanzler ist ermächtigt, allgemeine Anweisungen zu erlassen, nach welchen die Revisionsberichte anzufertigen sind". Diese Anweisungen sind bisher nicht ergangen. Der Revisionsbericht wird erstattet auf Verantwortung des Verbandsrevisors. In der Revisorenkonferenz zu Mainz (1914) wird über die Erstattung des Revisionsberichts verhandelt werden.

2. Mitteilung über das Revisionsergebnis an den Verbandsdirektor neben der Übermittlung der Abschrift des Revisionsberichts. Eine besondere Mitteilung über die bei der Revision gemachten Beobachtungen ist zurzeit in fast allen Verbänden eingeführt.
3. In der gemeinschaftlichen Sitzung von Vorstand und Aufsichtsrat ist durch den Revisor das Ergebnis der Revision einer eingehenden Besprechung zu unterziehen. Über die Sitzung ist ein sorgfältiges Protokoll zu führen. In der Sitzung sind vor allem alle Zweifel und Meinungsverschiedenheiten nach Möglichkeit zu beseitigen. Die Tätigkeit des Verbandsvorstandes, die auf Beseitigung der etwa gefundenen Mängel und Mißstände gerichtet ist, ist vorzubereiten.
4. In der Generalversammlung hat sich der Aufsichtsrat über das Ergebnis der Revision zu erklären (§ 63 des Ges.). Diese Erklärung ist in der Aufsichtsratssitzung festzulegen und zu protokollieren.

D. Was kann der Revisionsverband tun, um Abhilfe zu schaffen?

Die heute zur Verfügung stehenden Mittel sind:

a) Festlegung der Mängel im Revisionsbericht.
b) Beschlußfassung der Generalversammlung über den Revisionsbericht.
c) Gemeinschaftliche Sitzung des Revisors mit Vorstand und Aufsichtsrat und Protokollführung,
d) Besondere Mitteilung des Revisors von festgestellten Mängeln an den Verbandsdirektor; vgl. Verhandlungen Freiburg 1909 Seite 357 ff.
e) Aufforderung des Verbandsdirektors zur Beseitigung der Mißstände.
f) Mitteilung an Verbandstag von event. Weigerung.
g) Außerordentliche Revision.
vgl. Verhandlungen Freiburg von 1909 S. 342 ff.
h) Ausschluß aus den Verbänden.

Druck von Leonhard Simion Nf., Berlin W 57.
119515

Kolibri 360 GmbH
Ferdinand-Jühlke-Straße 7
99095 Erfurt, Deutschland
produktsicherheit@kolibri360.de